中华人民共和国
国境卫生检疫法

中国法制出版社

目　　录

中华人民共和国主席令（第二十七号）……………（1）

中华人民共和国国境卫生检疫法 ……………………（2）

关于《中华人民共和国国境卫生检疫法（修订草案）》的说明 ……………………………（22）

中华人民共和国主席令

第二十七号

《中华人民共和国国境卫生检疫法》已由中华人民共和国第十四届全国人民代表大会常务委员会第十次会议于 2024 年 6 月 28 日修订通过，现予公布，自 2025 年 1 月 1 日起施行。

中华人民共和国主席　习近平

2024 年 6 月 28 日

中华人民共和国国境卫生检疫法

（1986年12月2日第六届全国人民代表大会常务委员会第十八次会议通过 根据2007年12月29日第十届全国人民代表大会常务委员会第三十一次会议《关于修改〈中华人民共和国国境卫生检疫法〉的决定》第一次修正 根据2009年8月27日第十一届全国人民代表大会常务委员会第十次会议《关于修改部分法律的决定》第二次修正 根据2018年4月27日第十三届全国人民代表大会常务委员会第二次会议《关于修改〈中华人民共和国国境卫生检疫法〉等六部法律的决定》第三次修正 2024年6月28日第十四届全国人民代表大会常务委员会第十次会议修订）

目　　录

第一章　总　　则

第二章　检疫查验

第三章　传染病监测

第四章　卫生监督

第五章　应急处置

第六章　保障措施

第七章　法律责任

第八章　附　　则

第一章　总　　则

第一条　为了加强国境卫生检疫工作，防止传染病跨境传播，保障公众生命安全和身体健康，防范和化解公共卫生风险，根据宪法，制定本法。

第二条　国境卫生检疫及相关活动，适用本法。

在中华人民共和国对外开放的口岸（以下简称口岸），海关依照本法规定履行检疫查验、传染病监测、卫生监督和应急处置等国境卫生检疫职责。

第三条 本法所称传染病，包括检疫传染病、监测传染病和其他需要在口岸采取相应卫生检疫措施的新发传染病、突发原因不明的传染病。

检疫传染病目录，由国务院疾病预防控制部门会同海关总署编制、调整，报国务院批准后公布。监测传染病目录，由国务院疾病预防控制部门会同海关总署编制、调整并公布。

检疫传染病目录、监测传染病目录应当根据境内外传染病暴发、流行情况和危害程度及时调整。

第四条 国境卫生检疫工作坚持中国共产党的领导，坚持风险管理、科学施策、高效处置的原则，健全常态和应急相结合的口岸传染病防控体系。

第五条 海关总署统一管理全国国境卫生检疫工作。国务院卫生健康主管部门、国务院疾病预防控制部门和其他有关部门依据各自职责做好国境卫生检疫相关工作。

口岸所在地县级以上地方人民政府应当将国境卫生检疫工作纳入传染病防治规划，加大对国境卫生检疫工作的支持力度。

海关、卫生健康、疾病预防控制和其他有关部门在国境卫生检疫工作中应当密切配合，建立部门协调机制，强化信息共享和协同联动。

国家依法强化边境管控措施，严密防范非法入境行为导致的传染病输入风险。

第六条 海关依法履行国境卫生检疫职责，有关单位和个人应当予以配合，不得拒绝或者阻碍。

海关履行国境卫生检疫职责，应当依法保护商业秘密、个人隐私和个人信息，不得侵犯有关单位和个人的合法权益。

第七条 国家采取多种措施，加强口岸公共卫生能力建设，不断提升国境卫生检疫工作水平。

第八条 国家加强与其他国家或者地区以及有关国际组织在国境卫生检疫领域的交流合作。

第二章　检疫查验

第九条 进境出境的人员、交通运输工具，集装箱等运输设备、货物、行李、邮包等物品及外包装（以下统称货物、物品），应当依法接受检疫查验，经海关准许，方可进境出境。

享有外交、领事特权与豁免等相关待遇的人员，以及享有外交、领事特权与豁免等相关待遇的机构和人员的物品进境出境，在不影响其依法享有特权与豁免的前提下，应当依法接受检疫查验。

第十条 进境出境的人员、交通运输工具、货物、物品，应当分别在最先到达的口岸和最后离开的口岸接受检疫查验；货物、物品也可以在海关指定的其他地点接受检疫查验。

来自境外的交通运输工具因不可抗力或者其他紧急原因停靠、降落在境内口岸以外地区的，交通运输工具负责人应当立即向就近的海关报告，接到报告的海关应当立即派员到场处理，必要时可以请求当地人民政府疾病预防控制部门予以协助；除避险等紧急情况外，未经海关准许，该交通运输工具不得装卸货物、物品，不得上下引航员以外的人员。

第十一条 对进境出境人员，海关可以要求如实申报健康状况及相关信息，进行体温检测、医学巡查，必要时可以查阅旅行证件。

除前款规定的检疫查验措施外，海关还可以根据情况对有关进境出境人员实施下列检疫查验措施：

（一）要求提供疫苗接种证明或者其他预防措施证明并进行核查；

（二）进行流行病学调查、医学检查；

（三）法律、行政法规规定的其他检疫查验措施。

进境的外国人拒绝接受本条规定的检疫查验措施的，海关可以作出不准其进境的决定，并同时通知移民管理机构。

第十二条 海关依据检疫医师提供的检疫查验结果，对判定为检疫传染病染疫人、疑似染疫人的，应当立即采取有效的现场防控措施，并及时通知口岸所在地县级以上地方人民政府疾病预防控制部门。接到通知的疾病预防控制部门应当及时组织将检疫传染病染疫人、疑似染疫人接送至县级以上地方人民政府指定的医疗机构或者其他场所实施隔离治疗或者医学观察。有关医疗机构和场所应当及时接收。

对可能患有监测传染病的人员，海关应当发给就诊方便卡，并及时通知口岸所在地县级以上地方人民政府疾病预防控制部门。对持有就诊方便卡的人员，医疗机构应当优先诊治。

第十三条　进境出境交通运输工具负责人应当按照规定向海关如实申报与检疫查验有关的事项。

第十四条　海关可以登临交通运输工具进行检疫查验，对符合规定条件的，可以采取电讯方式进行检疫查验。

除避险等紧急情况外，进境的交通运输工具在检疫查验结束前、出境的交通运输工具在检疫查验结束后至出境前，未经海关准许，不得驶离指定的检疫查验地点，不得装卸货物、物品，不得上下引航员以外的人员。

第十五条　进境出境交通运输工具有下列情形之一的，应当实施卫生处理，并接受海关监督；必要时，海关可以会同有关部门对交通运输工具实施隔离：

（一）受到检疫传染病污染；

（二）发现与人类健康有关的病媒生物；

（三）存在传播检疫传染病风险的其他情形。

外国交通运输工具的负责人拒绝实施卫生处理的，除特殊情况外，海关应当责令该交通运输工具在其监督下立即离境。

第十六条　海关依据检疫医师提供的检疫查验结

果，对没有传播检疫传染病风险或者已经实施有效卫生处理的交通运输工具，签发进境检疫证或者出境检疫证。

第十七条 已经实施检疫查验的交通运输工具在口岸停留期间，发现检疫传染病染疫人、疑似染疫人或者有人非因意外伤害死亡且死因不明的，交通运输工具负责人应当立即向海关报告，海关应当依照本法规定采取相应的措施。

第十八条 海关对过境的交通运输工具不实施检疫查验，但有证据表明该交通运输工具存在传播检疫传染病风险的除外。

过境的交通运输工具在中国境内不得装卸货物、物品或者上下人员；添加燃料、饮用水、食品和供应品的，应当停靠在指定地点，在海关监督下进行。

第十九条 进境出境货物、物品的收发货人、收寄件人、携运人（携带人）、承运人或者其代理人应当按照规定向海关如实申报与检疫查验有关的事项。

第二十条 对有本法第十五条第一款规定情形的货物、物品，应当实施卫生处理，并接受海关监督；卫生处理完成前，相关货物、物品应当单独存放，未经海关准许不得移运或者提离。

对有本法第十五条第一款规定情形但无法实施有效卫生处理的货物、物品,海关可以决定不准其进境或者出境,或者予以退运、销毁;对境内公共卫生安全可能造成重大危害的,海关可以暂停相关货物的进口。

第二十一条 托运尸体、骸骨进境出境的,托运人或者其代理人应当按照规定向海关如实申报,经检疫查验合格后,方可进出境。

因患检疫传染病死亡的,尸体应当就近火化。

第二十二条 血液等人体组织、病原微生物、生物制品等关系公共卫生安全的货物、物品进境出境,除纳入药品、兽药、医疗器械管理的外,应当由海关事先实施卫生检疫审批,并经检疫查验合格后方可进境出境。

第二十三条 海关根据检疫查验需要,可以请求有关部门和单位协助查询进境出境的人员、交通运输工具、货物、物品等的相关信息,有关部门和单位应当予以协助。海关对查询所获得的信息,不得用于卫生检疫以外的用途。

第二十四条　海关总署应当根据境内外传染病监测和风险评估情况，不断优化检疫查验流程。

第三章　传染病监测

第二十五条　海关总署会同国务院疾病预防控制部门，建立跨境传播传染病监测制度，制定口岸传染病监测规划和方案。

海关总署在国际公共卫生合作框架下，完善传染病监测网络布局，加强对境外传染病疫情的监测。

第二十六条　各地海关应当按照口岸传染病监测规划和方案，结合对进境出境的人员、交通运输工具、货物、物品等实施检疫查验，系统持续地收集、核对和分析相关数据，对可能跨境传播的传染病的发生、流行及影响因素、发展趋势等进行评估。

海关开展传染病监测，应当充分利用现代信息技术，拓宽监测渠道，提升监测效能。

第二十七条　各地海关发现传染病，应当采取相应的控制措施，并及时向海关总署报告，同时向口岸所在地县级以上地方人民政府疾病预防控制部门以及移民管理机构通报。县级以上地方人民政府疾病预防控制部门发现传染病,应当及时向当地海关、移民管理机构通报。

任何单位和个人发现口岸或者进境出境的人员、交通运输工具、货物、物品等存在传播传染病风险的,应当及时向就近的海关或者口岸所在地疾病预防控制机构报告。

第二十八条 海关总署、国务院卫生健康主管部门、国务院疾病预防控制部门应当依据职责及时互相通报传染病相关信息。

国务院有关部门根据我国缔结或者参加的国境卫生检疫国际条约,依据职责与有关国家或者地区、国际组织互相通报传染病相关信息。

第二十九条 海关总署应当根据境外传染病监测情况,对境外传染病疫情风险进行评估,并及时发布相关风险提示信息。

第四章 卫生监督

第三十条 海关依照本法以及有关法律、行政法规和国家规定的卫生标准，对口岸和停留在口岸的进境出境交通运输工具的卫生状况实施卫生监督，履行下列职责：

（一）开展病媒生物监测，监督和指导有关单位和人员对病媒生物的防除；

（二）监督食品生产经营、饮用水供应、公共场所的卫生状况以及从业人员健康状况；

（三）监督固体、液体废弃物和船舶压舱水的处理；

（四）法律、行政法规规定的其他卫生监督职责。

第三十一条　口岸运营单位应当建立健全并严格落实相关卫生制度，保证口岸卫生状况符合法律、行政法规和国家规定的卫生标准的要求。

进境出境交通运输工具负责人应当采取有效措施，保持交通运输工具清洁卫生，保持无污染状态。

第三十二条　在口岸内从事食品生产经营、饮用水供应服务、公共场所经营的，由海关依法实施卫生许可；食品生产经营者取得卫生许可的，无需另行取得食品生产经营许可。

第三十三条　海关实施卫生监督，发现口岸或者进境出境交通运输工具的卫生状况不符合法律、行政法规和国家规定的卫生标准要求的,有权要求有关单位和个人进行整改,必要时要求其实施卫生处理。

第五章　应　急　处　置

第三十四条　发生重大传染病疫情,需要在口岸采取应急处置措施的,适用本章规定。

第三十五条　发生重大传染病疫情,需要在口岸采取应急处置措施的,海关总署、国务院卫生健康主管部门、国务院疾病预防控制部门应当提请国务院批准启动应急响应。海关总署、国务院卫生健康主管部门、国务院疾病预防控制部门和其他有关部门应当依据各自职责,密切配合开展相关的应急处置工作。

口岸所在地县级以上地方人民政府应当为应急处置提供场所、设施、设备、物资以及人力和技术等支持。

第三十六条　根据重大传染病疫情应急处置需要,经国务院决定,可以采取下列措施:

(一)对来自特定国家或者地区的人员实施采样检验;

(二)禁止特定货物、物品进境出境;

（三）指定进境出境口岸；

（四）暂时关闭有关口岸或者暂停有关口岸部分功能；

（五）暂时封锁有关国境；

（六）其他必要的应急处置措施。

采取前款规定的应急处置措施，应当事先公布。

第三十七条　采取本章规定的应急处置措施，应当根据重大传染病疫情防控的实际情况，及时调整或者解除，并予以公布。

第六章　保障措施

第三十八条　海关总署会同国务院有关部门制定并组织实施口岸公共卫生能力建设规划。

国务院有关部门、口岸所在地县级以上地方人民政府、口岸运营单位以及其他有关单位应当积极支持口岸公共卫生能力建设。

第三十九条　国家将国境卫生检疫工作纳入传染病防治体系。

国境卫生检疫工作所需经费纳入预算，口岸重大传染病疫情应急处置所需物资纳入国家公共卫生应急物资保障体系。

第四十条 国境卫生检疫基础设施建设应当统筹兼顾国境卫生检疫日常工作和重大传染病疫情应急处置的需要。

国境卫生检疫基础设施建设应当纳入口岸建设规划。新建、改建、扩建口岸应当统筹建设国境卫生检疫基础设施，有关建设方案应当经海关审核同意。

国境卫生检疫基础设施应当符合规定的建设标准，不符合建设标准的，不得投入使用。国境卫生检疫基础设施建设标准和管理办法由海关总署会同国务院有关部门制定。海关对国境卫生检疫基础设施建设标准的执行实施监督。

第四十一条 国家鼓励、支持国境卫生检疫领域的科学研究、技术创新和信息化建设，推动新技术、新设备、新产品和信息化成果的应用，提高国境卫生检疫工作的技术和信息化水平。

第四十二条 海关应当加强国境卫生检疫技术机构建设，为国境卫生检疫工作提供技术和服务支撑。

第四十三条 国境卫生检疫工作人员应当具备与

履行职责相适应的专业知识和业务技能。

海关应当加强国境卫生检疫队伍建设，组织开展继续教育和职业培训，持续提升国境卫生检疫工作人员的专业知识和业务技能水平。

第七章　法　律　责　任

第四十四条　违反本法规定，进境出境人员不如实申报健康状况、相关信息或者拒绝接受检疫查验的，由海关责令改正，可以给予警告或者处一万元以下的罚款；情节严重的，处一万元以上五万元以下的罚款。

第四十五条　违反本法规定，有下列情形之一的，对交通运输工具负责人，由海关责令改正，给予警告，可以并处五万元以下的罚款；情节严重的，并处五万元以上三十万元以下的罚款：

（一）未按照规定向海关申报与检疫查验有关的事项或者不如实申报有关事项；

（二）拒绝接受对交通运输工具的检疫查验或者拒绝实施卫生处理；

（三）未取得进境检疫证或者出境检疫证，交通运输工具擅自进境或者出境；

（四）未经海关准许，交通运输工具驶离指定的检疫查验地点，装卸货物、物品或者上下人员；

（五）已经实施检疫查验的交通运输工具在口岸停留期间，发现检疫传染病染疫人、疑似染疫人或者有人非因意外伤害死亡且死因不明的，未立即向海关报告；

（六）过境的交通运输工具在中国境内装卸货物、物品或者上下人员，或者添加燃料、饮用水、食品和供应品不接受海关监督。

有下列情形之一的，依照前款规定给予处罚：

（一）进境出境货物、物品的收发货人、收寄件人、携运人（携带人）、承运人或者其代理人未按照规定向海关申报与检疫查验有关的事项或者不如实申报有关事项，或者拒绝接受检疫查验、拒绝实施卫生处理，或者未经海关准许移运或者提离货物、物品；

（二）托运尸体、骸骨进境出境的托运人或者其代理人未按照规定向海关申报或者不如实申报，或者未经检疫查验合格擅自进境出境。

第四十六条　违反本法规定，血液等人体组织、病原微生物、生物制品等关系公共卫生安全的货物、物品进境出境未经检疫审批或者未经检疫查验合格擅自进境出境的，由海关责令改正，给予警告，没收违法所得，并处一万元以上五十万元以下的罚款；情节严重的，并处五十万元以上二百万元以下的罚款。

第四十七条　违反本法规定，未经许可在口岸从事食品生产经营、饮用水供应服务、公共场所经营的，由海关依照《中华人民共和国食品安全法》等有关法律、行政法规的规定给予处罚。

违反本法有关卫生监督的其他规定，或者拒绝接受卫生监督的，由海关责令改正，给予警告，可以并处十万元以下的罚款；情节严重的，并处十万元以上三十万元以下的罚款。

第四十八条　使用买卖、出借或者伪造、变造的国境卫生检疫单证的，由海关责令改正，处二万元以上十万元以下的罚款。

第四十九条　海关等有关部门、地方人民政府及其工作人员在国境卫生检疫工作中玩忽职守、滥用职权、徇私舞弊的，由上级机关或者所在单位责令改正，对负有责任的领导人员和直接责任人员依法给予处分。

第五十条 违反本法规定，构成违反治安管理行为的，由公安机关依法给予治安管理处罚；构成犯罪的，依法追究刑事责任。

第八章 附 则

第五十一条 本法中下列用语的含义：

（一）检疫查验，是指对进境出境的人员、交通运输工具、货物、物品、尸体、骸骨等采取检查措施、实施医学措施。

（二）医学巡查，是指检疫医师在口岸进境出境旅客通道，观察进境出境人员是否有传染病临床症状，并对有临床症状的人员进行询问的活动。

（三）医学检查，是指检疫医师对进境出境人员检查医学证明文件，实施必要的体格检查、采样检验的活动。

（四）卫生处理，是指消毒、杀虫、灭鼠、除污等措施。

第五十二条 中华人民共和国缔结或者参加的有关卫生检疫的国际条约同本法有不同规定的，适用该国际条约的规定，但中华人民共和国声明保留的条款除外。

第五十三条 从口岸以外经国务院或者国务院授权的部门批准的地点进境出境的人员、交通运输工具、货物、物品的卫生检疫，我国与有关国家或者地区有双边协议的，按照协议办理；没有协议的，按照国家有关规定办理。

第五十四条 经国务院批准，海关总署可以根据境内外传染病监测和风险评估情况，对有关口岸的卫生检疫措施作出便利化安排。

第五十五条 国境卫生检疫及相关活动，本法未作规定的，适用《中华人民共和国传染病防治法》等有关法律、行政法规的规定。

第五十六条 中国人民解放军、中国人民武装警察部队的人员、交通运输工具和装备物资进境出境的卫生检疫工作，依照本法和国务院、中央军事委员会的有关规定办理。

第五十七条 本法自 2025 年 1 月 1 日起施行。

关于《中华人民共和国国境卫生检疫法（修订草案）》的说明

——2023年12月25日在第十四届全国人民代表大会常务委员会第七次会议上

海关总署署长　俞建华

委员长、各位副委员长、秘书长、各位委员：

我受国务院委托，现对《中华人民共和国国境卫生检疫法（修订草案）》（以下简称修订草案）作说明。

一、修订背景和过程

党中央、国务院高度重视国境卫生检疫工作。习近平总书记对严防境外疫情输入作出一系列重要指示批示，指出要贯彻总体国家安全观，加强入境检疫，增强防控措施的针对性和实效性，筑起应对境外疫情输入风险的坚固防线，不能出现任何漏洞。李强总理强调，要加强口岸卫生检疫，完善监测预警，因时因势完善外防输入措施，依法做好卫生检疫工作。

国境卫生检疫法于1987年施行，分别于2007年、2009年和2018年作了部分修改。国境卫生检疫法的实施，对防止传染病跨境传播、保障人体健康和生命安全发挥了重要作用。同时，这部法律在实践中也反映出规定较为原则、内容不够完备、不适应发展变化实际需要等问题。特别是新冠疫情防控中暴露出口岸重大传染病疫情应急处置措施不完善、公共卫生能力建设亟待加强等突出问题，需要通过修法进一步健全完善国境卫生检疫相关制度机制，筑牢口岸检疫防线，为更好保障人民健康和国家公共安全提供有力法治保障。修改国境卫生检疫法是贯彻落实习近平总书记关于强化公共卫生法治保障体系重要指示批示的立法项目，已列入全国人大常委会和国务院2023年度立法工作计划。

海关总署在深入调查研究、广泛听取意见并向社会公开征求意见的基础上，向国务院报送了《中华人民共和国国境卫生检疫法（修订草案送审稿）》。收到送审稿后，司法部积极推进审查工作，征求了中央有关单位、各省（自治区、直辖市）人民政府、部分海关以及有关企业、行业协会、研究机构和律师事务所等方面的意见，赴地方开展实地调研，召开部门和专家座谈会，在此基础上会同海关总署反复研究修改形成了修订草案。之后，根据党的二十大精神和疾病预防控制体系改革部署要求，结合新冠疫情防控实践和防控政策优化调整情况，会同海关总署对修订草案作了进一步修改完善。修订草案已经国务院常务会议讨论通过。

二、总体思路

一是坚持统筹兼顾。贯彻落实党中央、国务院关于统筹疫情防控和经济社会发展的决策部署，在完善国境卫生检疫制度措施、构筑防止传染病跨境传播坚固防线的同时，增强相关制度措施的科学性和精准性，严格重大措施决策程序，尽可能减少对经贸活动等的影响。二是突出问题导向。认真总结国境卫生检疫法实施情况，特别是针对新冠疫情防控中暴露出的突出问题，补短板、强弱项、堵漏洞，在进一步完善国境卫生检疫常态化制度的同时，着力完善重大传染病疫情口岸应急处置措施。三是准确把握定位。着重对国境卫生检疫的基本措施和程序等作出规定，力求框架完备、授权充分,对技术层面操作问题不作过多规定,留待制定相关配套规定时进一步细化。四是注重制度衔接。做好与传染病防治法、突发事件应对法、生物安全法等相关法律的协调衔接,并与我国缔结的《国际卫生条例(2005)》等国际条约的精神保持一致。

三、主要内容

修订草案共8章57条,主要规定了以下内容:

(一)坚持党对国境卫生检疫工作的领导。落实和体现党的领导要求,增加了国境卫生检疫工作坚持中国共产党的领导的内容。

(二)进一步完善国境卫生检疫常态化制度。一是在检疫查验方面,完善了人员、交通运输工具、货物、物品进出境向海关申报,海关可以采取的检疫查验措施以及检疫传染病染疫人、疑似染疫人转送的有关规定,补充了过境交通运输工具检疫查验和关系生物安全的物品进出境卫生检疫审批等规定。二是在传染病监测方面,对海关总署和各地海关的传染病监测职责,海关和卫生健康主管部门、疾病预防控制部门、疾病预防控制机构互相通报传染病监测信息,以及海关总署对境外传染病疫情风险进行评估并及时发布相关预警信息等作了明确规定。三是在卫生监督方面，进一步明确了海关的卫生监督职责和口岸运营单位、进境出境交通运输工具负责人的责任。

（三）完善重大传染病疫情口岸应急处置措施。总结新冠疫情防控的有效经验和做法，增加"应急处置"一章，对境外或者境内传染病暴发、流行时需要在口岸采取的应急处置措施作了明确规定。具体包括：海关总署会同国务院有关部门可以报请国务院决定，采取对进境人员集中实施采样检验和医学观察、指定进境出境口岸、临时关闭口岸或者暂停口岸部分功能、临时封锁有关国境以及禁止特定货物、物品进出境等必要措施；经国务院同意，国务院有关部门可以采取减少进出境航次、班次或者暂停特定航线、班线，限定交通运输工具载运旅客数量，要求进境人员在境外接受相关检测并凭检测合格证明登乘交通运输工具，限制中国公民前往特定国家或者地区，暂停签发出入境证件，对进出境的特定货物、物品实施预防性卫生处理等必要措施。采取上述应急处置措施应当事先公布，并根据重大传染病疫情防控的实际情况及时调整或者解除应急处置措施。

（四）强化国境卫生检疫保障措施。为不断提升国境卫生检疫工作水平，增加"保障措施"一章，对口岸公共卫生能力建设规划的制定和实施，国境卫生检疫经费保障和基础设施建设，国境卫生检疫领域科学研究、技术创新和信息化建设以及加强国境卫生检疫队伍建设等作了明确规定。

（五）完善有关法律责任的规定。为保障法律有效实施，细化了应予处罚的违法情形，丰富了处罚手段，加大了处罚力度。

此外，为防范因非法入境导致疫情输入，修订草案规定：国家依法强化边境管控措施，严密防范非法入境行为导致的传染病输入风险。边境地区地方人民政府应当落实属地责任，通过组织建立巡防巡查机制、严格进出边境地区交通管控和人员管理等措施，阻断非法入境渠道。

修订草案和以上说明是否妥当，请审议。

中华人民共和国国境卫生检疫法
ZHONGHUA RENMIN GONGHEGUO GUOJING WEISHENG JIANYIFA

经销/新华书店
印刷/鸿博睿特（天津）印刷科技有限公司

开本/850 毫米×1168 毫米　32 开	印张/1　字数/11 千
版次/2024 年 6 月第 1 版	2024 年 6 月第 1 次印刷

中国法制出版社出版

书号 ISBN 978-7-5216-4554-5　　　　　　　　定价：5.00 元

北京市西城区西便门西里甲 16 号西便门办公区
邮政编码：100053　　　　　　　传真：010-63141600
网址：http://www.zgfzs.com　　编辑部电话：010-63141673
市场营销部电话：010-63141612　印务部电话：010-63141606

（如有印装质量问题，请与本社印务部联系。）

时调整或者解除应急处置措施。

（四）强化国境卫生检疫保障措施。为不断提升国境卫生检疫工作水平，增加"保障措施"一章，对口岸公共卫生能力建设规划的制定和实施，国境卫生检疫经费保障和基础设施建设，国境卫生检疫领域科学研究、技术创新和信息化建设以及加强国境卫生检疫队伍建设等作了明确规定。

（五）完善有关法律责任的规定。为保障法律有效实施，细化了应予处罚的违法情形，丰富了处罚手段，加大了处罚力度。

此外，为防范因非法入境导致疫情输入，修订草案规定：国家依法强化边境管控措施，严密防范非法入境行为导致的传染病输入风险。边境地区地方人民政府应当落实属地责任，通过组织建立巡防巡查机制、严格进出边境地区交通管控和人员管理等措施，阻断非法入境渠道。

修订草案和以上说明是否妥当，请审议。

中华人民共和国国境卫生检疫法

ZHONGHUA RENMIN GONGHEGUO GUOJING WEISHENG JIANYIFA

经销/新华书店
印刷/鸿博睿特（天津）印刷科技有限公司
开本/850毫米×1168毫米　32开　　　　　　印张/1　字数/11千
版次/2024年6月第1版　　　　　　　　　　2024年6月第1次印刷

中国法制出版社出版
书号 ISBN 978-7-5216-4554-5　　　　　　　　定价：5.00元

北京市西城区西便门西里甲16号西便门办公区
邮政编码：100053　　　　　　　　　　传真：010-63141600
网址：http://www.zgfzs.com　　　　编辑部电话：010-63141673
市场营销部电话：010-63141612　　　印务部电话：010-63141606

（如有印装质量问题，请与本社印务部联系。）